養出內心強大的孩子

Mut zum Leben machen

Selbstwertgefühl und Persönlichkeit von Kindern und Jugendlichen stärken

意義療法大師的5個心法，
幫助孩子建立正向的人際關係和生活的勇氣

意義療法創始人
維克多·弗蘭克（Viktor E. Frankl）親傳弟子
波格菈卡·韓丁格 博士_著
（Prof.Dr. Boglarka Hadinger）
莊新眉_譯

我們
做得到！

獻給我的孩子 Oliver 和 Jennifer
儘管我在教育他們的成長中犯過不少錯誤，
他們仍然成為了出色的人。

目次

2 第二個支柱：「我有能力做到」的自信

5 第五個支柱：體驗生活的喜悅與熱情

導讀

讓孩子長出強大的內心

邱淑惠
國立臺中教育大學幼兒教育系教授

「人生最終目的就是負責任地為自己的問題找到答案，並完成每個人被賦予的任務。」

——維克多．弗蘭克（Viktor E. Frankl）

我們該如何陪伴兒童和青少年，順利走進人生的道路？

身為父母，你曾在忙碌的生活中，停下來，認真思考這個問題嗎？

如果有，那你的答案是什麼？

在你思考的過程中，「讓孩子能學會感受生命的喜悅，以及長大後願意對家庭和社會負有責任感」，這個想法曾經出現嗎？它是你的答案嗎？你願意把它設定成你的教養目標嗎？

有個育有五歲女孩的媽媽跟我傾訴她的挫折，「老師每天都跟我告狀，我女兒今天又怎樣怎樣，煩死了！我女兒是不是有過動啊？」

我進一步瞭解她對女兒的生活安排。這個五歲女孩，白天上幼兒園，每週有三個晚上要上英文、舞蹈或鋼琴課，沒上課的夜晚則要練鋼琴並臨摹幾個注音符號。睡前媽媽會唸故事，唸完順便要女兒拼出繪本中某個字的注音。

我問媽媽，怎麼會想到如此安排女兒的生活？她回：「大家不是都這麼做嗎？我小時候也是這樣過的。」

再問，她對女兒有何期望？她說：「希望女兒能適應小學生活，功課好，考上好大學，有個好工作。」

這位盡責的母親，跟大多數的父母一樣，在陪伴孩子成長時，是以「目的」為導向，例如：唸繪本給孩子聽的目的，是為了讓孩子瞭解如何做人處事，同時可以練習拼注音；幫孩子安排補習是希望她多才多藝，讓孩子上幼兒園是希望她能儘早適應學校生活。因著這樣的目的，衍生出對結果的期待。當孩子達不到父母的期待時，父母和孩子都很挫折，親子相處經常是一場在生氣、憤怒或失望情緒中度過的角力賽。

本書作者韓丁格博士邀請父母回歸到以「意義」為導向，與孩子相處時，著重行為背後的意義，結果如何不是重點，例如：「唸繪本給孩子聽」

的行為本身就意義非凡，不用糾結於達到什麼成效。

父母也該思考，用各種才藝課把孩子的時間填滿，這種種活動背後的意義為何？相對的，「零」時光的意義是不是常被父母忽略？這種沒有大人計畫、安排、要求達到特定表現、孩子能自行支配的「零」時光，正可以提供孩子揮灑內在本質，醞釀人格的必要空間。教育應該是持續累積有意義的行為，至於成果，可視為有意義行為帶來的副產品，時機到了自然會水到渠成。

以「意義」為導向的教養，其立論依據源自弗蘭克的意義諮商，這個理論與弗洛伊德的心理分析、阿德勒的個人分析，並列為當時維也納三大心理諮商主流。這維也納三巨頭對人的本質持不同觀點，弗洛伊德強調人是追求享樂的，阿德勒認為人追求掌控與超越，而弗蘭克則認為人不斷地在尋求生命的意義與創造自己活著的意義。

不管你支持哪種觀點，不可否認在人生旅程中，很多人都問過自己：「活著的意義為何？」尤其是面對逆境，遭遇失敗的受苦時候。意義諮商的觀點特別有利於協助人們由挫折經驗中找到意義，由困境中成長。

弗蘭克在剛開始構想意義諮商理論時，就曾經把追尋生命意義的概念用在維也納的青少年諮商中心。當時維也納的高中生常在收到成績單時，因心理壓力而自殺。而弗蘭克的自殺防治專案成效卓越，創下多年來首次沒有學生自殺的紀錄，可見得能對挫折賦予意義有助當時的高中生「長出強大的內心」。弗蘭克因猶太人的身分，在第二次大戰期間被納粹關在集中營折磨，此期間的經歷更讓他能親自驗證意義尋求的真實性。他觀察到集中營的同伴，越能找到自己存在的意義並對未來存有盼望，越能熬過這種極端逆境。

本書作者韓丁格師承弗蘭克，成功的將意義諮商理論延伸至教育應用領域。很自然的，韓丁格把教養目標設定為「讓孩子長出強大的內心」，期望我們養出的孩子，在面對人生挫折時，仍有能力感受生命的喜悅，並找到自己生命的意義。這樣的特質也經常能在知名成功人士的身上展現。但學校教育卻很少在學生尋找生活意義的道路上，陪伴指引他們。讀者是否能擁抱這樣的教養目標很重要，因為韓丁格談的是價值觀、態度與實踐。父母不只要能內化這樣的價值觀與態度，身體力行地與孩子互動，也應該在自己的工作場域、與伴侶和親友的互動中實踐。

本書的前言就是跟讀者澄清父母應該有的價值觀和態度，你在教養孩子時，是不是想著：「要給孩子什麼才能讓他擁有幸福快樂的人生呢？」

但永遠幸福快樂是不可能的，人生總有不順遂的時候，所以教養孩子最重要的是：讓孩子有體驗幸福的能力，同時也學會處理自己的不快樂。很多孩子看似擁有一切，豐衣足食，父母關愛，但仍然鬱鬱寡歡，眼光只看著自己不足之處，那個不足可以是某一個學科不如某人，自己的長相哪裡不夠好，某人為什麼不喜歡我等等。懷抱著尋找自己不足的態度，那肯定是可以抱怨人生，要抑鬱終日不難。

韓丁格認為，教養目標應該納入讓孩子學會處理自己的沮喪。此外，父母一直懷抱著「給」孩子什麼的態度，韓丁格也認為是不恰當的，是低估孩子的能力。雖然父母的支持與照顧很重要，但孩子長期單方面的被給予，反而會心生倦怠，潛能沒有機會受到激發。讓孩子學會給予付出，孩子才能成為一個更成熟有能力的人。

「學會處理自己的沮喪，在生活中練習給予付出」，這兩個重要的能力經常被父母或學校教育忽略。明星高中的學生跳樓輕生，最高學府的失戀男生手刃前女友，這些都是無法處理挫折，心裡只關注自己的想要，沒有學會給予付出的例子。近日，衛福部才公布臺灣十五到二十四歲年輕人自殺通報人次不斷攀升，由二〇一七年的四千九百零五人次，升高至二〇二一年的一萬二千三百一十六人次，上升了二點五倍。這個警訊顯示我們過去的教育太過注重智育，很多孩子已經沒有能力感受生命的喜悅，更何況是願意對家庭和社會負有責任感。

如果你認同把「長出強大的內心」設定為教養目標，那麼本書提出的五個支柱，十一個教育靈感，可以幫助你朝向此目標前進。韓丁格所提出的支柱與靈感，是每個教育學派都會同意的教育原則，而作者不只指出原則，還說明原則背後的道理，以及如何實踐的方法。讀者只要由現在開始實踐，必然能養成有能力為自己找到幸福，能為自己人生負責的子女。最重要的是，你自己也能成為幸福快樂的家長。

國際中文版‧作者序

親愛的台灣讀者：

世界上有些問題是普世的。這些問題不分國界，大多數的人——無論是生活在北方還是東方，是金頭髮還是黑頭髮——或早或晚，總有一天會對它們感興趣。

例如：我們該如何陪伴兒童和青少年，順利走進人生的道路？當你思考這個問題時，你就已經提出了一個普世性的問題。

我們該如何陪伴他們，才能讓他們一方面感受到生命的召喚和喜悅；另一方面，當他們長大成人後，對家庭社會有責任感，並樂於盡一己之力，使世界變得更加美好？

什麼對我們的孩子有助益？

什麼**對每個人**、也就是同時**對父母和孩子**都有助益？

什麼是「too much」？也就是過多，因而不再對生活有益？

我們如何在善盡責任的同時，也擁有一份輕鬆從容？一份總是在我們的靈魂中散發微笑和信念感的輕盈魔法？

本書討論的正是這類問題。有些建議對陪伴兒童或青少年成長的照顧者和教育者，至為重要，有些想法或許也值得所有成年人參考，為自己的生活提供養分。

能為中文讀者寫這篇序，使我深感榮幸。年幼的我，曾在不同的文化圈中生活過，其中也包括亞洲。當時，我有個來自中國的小小好朋友。她有一頭編成六條辮子的美麗黑髮，一雙會笑的深色眼眸，說起話來聲調柔和。她比我勤奮得多，不過我們都是出色的運動健將。從她身上，我學到對待老年人的溫柔敬意，這份態度時至今日仍然伴隨著我。我的父母以及當年的這個朋友，教我明白了一個道理：**人永遠不應當被簡化爲他們的頭腦認知能力，或身體行動能力，因爲一個人的尊嚴與本質，始終比他的任何能力都來得深刻且更有價值。**

後來，**當我自己開始陪伴帶領孩子後，察覺到，我們應該在引導孩子追求表現的同時，也允許他們享有「零」時光，並在當中尋求一個良好的平衡點**。我所說的「零」時光，指的是「零」計畫、「零」表現的時間。這個時段裡，孩子可以依據他的內在本質，選擇去做或放手不做某些事。在這些看似安靜的時刻中，人格發展其實正悄然醞釀著。無論一個人還年輕或是已年長，他的本質都得以在這些時刻獲得深化。不言而喻，我們每個人都需要這樣的「零」時光。

當我認識維克多・弗蘭克（Viktor E. Frankl）時，他已是一位白髮蒼蒼、充滿智慧光輝的教授。我們這些年輕學生在他的鼓勵下，一同發掘了思考的樂趣，並探索著對有意義人生的渴望。

「空虛無意義的感覺不是一種病，」他曾經如此言之鑿鑿，「而是在告訴我們應該去尋找生活的任務。」這份任務可以是為某件事、某項事業服務，照顧一個人，也可以是度過一個難關。

「我沒必要忍受一切，就連自己的一切也沒必要全盤忍受。」[1] 這是他積極鼓勵我們去追求自我教育的一句名言。

「每天你都在做一個新的決定，那就是你要成爲什麼樣的人。」我們從未忘記弗蘭克的這句忠告。因為老教授渾身上下都洋溢著「新開始」的希望，不過同時他也要求著我們：**再開始一次！**

弗蘭克在維也納長大，學習醫學和心理學，他很年輕時就發覺，無論是在學校的理論教育中，還是在專業技能課程中，都不曾探討生活中最重要的問題：**我的生命意義是什麼？誰來決定我將成爲什麼樣的人？誰來決定當我面臨困難時，該如何反應？我如何在人們尋找生活意義的道路上，陪伴指引他們？**當年，這些問題佔據了這位準醫生的心思，讓他用了一輩子的時間思考，直到九十二歲辭世。弗蘭克還是醫學院學生時，便在維也納成立了第一個學生諮詢中心，他如此總結了這段經歷：**「年輕人在爲意義而吶喊，程度至少像他們爲麵包和工作吶喊一樣，他們吶喊著生命中的『所爲爲何』！」**

身為一名猶太醫生，他在二戰時被納粹羈押到集中營，這三年間，他疾病纏身。當他於一九四五年四月從集中營被解放出來時，人已經瘦得只剩皮包骨，並且失去了所有摯愛的親人。

「儘管如此，還是對生命說『我願意』！」[2]這是他對當年事件的回應。弗蘭克所寫的同名書，已成為全球暢銷書，感動著每個讀過它的人，並鼓勵他們勇敢面對生活。

我何其有幸，能和弗蘭克相識大約二十五年的時間，直到最後，他都依然睿智而充滿活力，當然這也是因為他找到了**他的**生命意義，也就是符合他個人本質以及性格的人生任務。這個舉世聞名的學者晚年有句呼籲世人的話，在我看來，時至今日都仍然適用：**「世界正處於困境之中。正因爲如此，我們的任務是，每個人都以自身的可能性，把握所擁有的機會，將世界變成一個更爲明亮、友善以及充滿人性的地方！」**

順著這條脈絡，我們再次回到本文開頭提及的問題，這些具有普世性的問題，與每個人的生活都息息相關。這本書提供了許多實用的建議，指引讀者如何陪伴兒童與青少年，邁向一個意義飽滿的人生。

同時，我也衷心冀望，與本書的讀者一起，找出那些能促使我們的孩子，成為這個世界寶貴財富的關鍵因素。因為我們的世界，正需要他們的投入。**讓我們同心協力，把這世界變成一個對每個人而言，都美好的地方！**這是我對二十一世紀的人的期許與號召。為此一路走來，那位留著六條辮子的華人小女孩，始終在我的腦海裡，為我提著一盞明燈……

波格菈卡．韓丁格

二〇二二年十一月

1 譯註：原文「Ich muss mir, von mir selbst, auch nicht alles gefallen lassen.」意思是每個人都會有惰性、恐懼、自我懷疑等負面情緒或念頭，但你不必對自己的想法、感覺或信念全盤接受，可以去推翻。

2 譯註：《*Trotzdem Ja zum Leben sagen*》，德文原典直譯繁體中文版《向生命說Yes》，啟示出版。

前言

前不久，我受邀舉辦了一場「鼓勵孩子加強自我價值感」的專題講座。當時，我分享了自己二十多年來，身為心理師和兩個孩子母親的經驗，以及許多專業研究的成果[3]。同時，我還參考了這個領域中的專家學者的看法，並且就此和許多朋友及老師們切磋討論。在這些談話中，我驚訝地發現，大家所關注的內容都極為相似，幾乎所有的受訪者都在思考相同的問題：**我們能做些什麼，讓兒童和青少年們感覺更幸福？如何讓他們對生活感受到更多的快樂？以及怎樣讓他們有更多被愛的感覺？**

大多數的人都在思索：**我們的孩子需要得到什麼，才能提升幸福感，**

變得更快樂？

在過去三十年間，這個問題被提問得如此頻繁，成了史無前例的現象。不只教育指南如雨後春筍般冒出來，許多家長和老師也用心良苦，試著遵循專家們提出的好建議。這些都是前所未有的狀況，然而，今日的孩子們，卻比以往任何一個時代，都來得更加暴力和抑鬱。

我們無法將這種現象的責任完全歸咎於媒體的崩壞，或是現代父母過於忙碌之類的問題上。**這現象也根源於錯誤的提問角度：**「我們的孩子需要得到什麼，才能提升幸福感，變得更快樂？」這個提問究竟哪裡錯了呢？

首先，不論身體上或心理上，我們都不可能永遠感到舒適愉快。幸福快樂的感覺不會恆常不變，而是不斷地起伏變化。生活裡，我們時而走好運，時而走霉運；我們時而自我感覺良好，時而自我感覺低落；有時候我們是贏家，有時候又成了輸家。當然，每個人都可以為自身的幸福，盡許多努力。**然而，倘若我們夢想活在一個能永遠感受到幸福的社會裡，這就是自欺欺人了。**

因此，我們首先應該這麼問：

怎麼做才能確保我們的孩子體驗到幸福，同時也學會，以最好的方式來處理不快樂、不適和挫敗？

我們該如何幫助孩子們，變得更有能力應對沮喪的生活插曲？

這些問題的答案，有助於降低兒童與青少年的暴力、抑鬱和上癮傾向。在接下來的篇章，我們將進一步探討這些問題。

其次，「我們的孩子需要**獲得**什麼，才能感受到幸福快樂？」這個問題之所以不恰當，是因為當我們這樣問時，就已經低估了兒童和青少年。難道我們對他們就這麼沒信心嗎？的確，獲得愛、人生契機，以及良好的支持，對他們而言，都十分重要。

但即使如此，不論是兒童或成人，都不會對長期單方面的被動給予感到快樂，反而會因此心生厭煩和倦怠感。更重要的是：不斷被動獲得的幸福感，會阻礙兒童和青少年發展自身出色的性格。

為什麼呢？

因為每個人都有一些能夠**給予**的東西，孩子們也是。只有當一個人也開始**給予付出**時，這個人才有可能成為一個成熟、有能力、甚或了不起的人。

維也納的精神和心理學家維克多．弗蘭克（Viktor Frankl）曾一語中的指出：「做人就意味著，要去投身於世界上的某些事情。」換句話說，我們也該這麼問：我們想對兒童和青少年提出什麼要求？依據他們各自的特殊能力、天賦和才能，他們能**給予**什麼？他們能憑藉自身的哪些才能和天賦，為別人做些什麼？他們能為這個世界做什麼？

給予與拿取可說是一體兩面，然而父母和爺爺奶奶這一輩，通常過於關注「給予」，導致孩子們一味思考還能再「索取」哪些東西，而這正阻礙了他們的人格發展。

我十分鼓勵讀者對兒童與青少年大方給予，但是也請你向他們提出挑戰與考驗、對他們有所要求，並且賦予他們責任。我很清楚這麼做有時可能會引發衝突。

爸媽們不時會面臨這樣的難題：我們是要選擇比較舒適（沒有衝突）

的教育方式，或是更有意義、但可能引發親子衝突的教育方式？

然而，做有意義和正確的事情**並不一定會令人愉快**。儘管如此，我依然期望，為人父母者能有足夠的動力，選擇採取有意義的教育方式，即使這偶爾會引起親子間的不快。

或許你會問，這麼做有什麼好處？答案正是，為了孩子，為了使他們最好的一面，從而變得輪廓鮮明。傑出的人之所以傑出，並不是因為他們總是被給予，而是因為他們自身的行為和態度，以及克服人生困境的方式，也因為他們積極將人生和命運掌握在自己的手中。傑出的人不會只想要獲得，他們也樂於付出。他們能夠有尊嚴地面對生活的挫敗，甚至可以從中成長。這些，不都是我們可以分享給孩子知道的事嗎？

3 這些學術理論的依據是在諸如克勞斯・葛拉威（Klaus Grawe）的《心理治療》（*Psychologische Therapie*）[1] 和羅特・旋克丹子格（Lotte Schenk-Danziger）的《發展心理學》（*Entwicklungs-psychologie*）[2] 等著作中發表的實證研究，以及與數百名成年人的回顧性訪談，探討在他們青少年時期重要和有意義的事物。

五個支柱

親愛的家長與教育工作者：

誰會不喜歡能勇敢克服生活難題的孩子呢？又有誰會不喜歡自我價值感健全的孩子？或是正發展著出色人格，能感受到自己、這個世界和他人價值的青少年？勇敢有自信的孩子，以及將自己和自身行為視為有價值的孩子，不僅能豐富我們的家庭生活，也能讓社會更充實美好。我們自然都喜歡擁有這些特質的兒童和青少年。

但現在問題來了：做為教育者，我們能否對孩子的自我價值感產生正面影響？我們都曉得，一個人既不能從「內部」（即通過本人），也不能從「外部」（即通過其他人）隨心所欲去改變感受。如果影響感受有那麼容易的話，那麼大多數人的自我價值感，大概就不是他們現在所擁有的那樣了。弗蘭克曾就此切中要點寫道：感受無法被隨意操控，要想改變它就得有**因素**。(3)

有鑒於此，我想接著說明，關於健全自我價值感的五個主要**因素**（我稱它們為「支柱」）：

1. **正向的人際關係。**
2. **「我有能力做到」的自信。**
3. **目標和價值觀的指南針。**
4. **正面的自我感覺。**
5. **對生活的喜悅和熱情。**

健全自我價值感的五個支柱

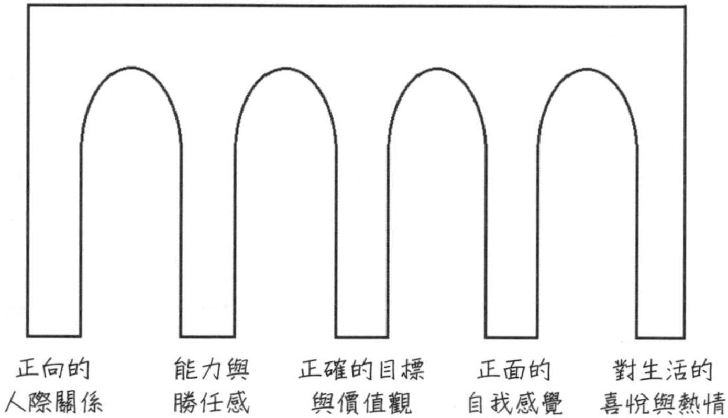

在這五方面的經驗，是促使兒童和成人發展出健全自我價值感的根基。更重要的是：這些經驗也能促使個人發展出「我的生活是有意義的」感受。

接下來幾章，我們將探討為人父母或為人師表者，能如何在這五個方面給孩子正向的體驗。這些想法也適用於你個人，以及和伴侶間的關係。不妨從中選取出一些對你的生活現狀有所啟發的想法。

此外，我想提醒一下，即使是一個心理健全的人，他的自我價值感也不會恆常不變，依然會受到生活條件與生活情況的影響而自然地起伏。

1 第一個支柱

建立正向的人際關係

感受到被他人肯定和重視，以及在一份正向關係中感到安全、被關心的經歷，是兒童生活中最重要的經驗之一。在出生後的頭幾年，父母的關愛是最基本的。但最晚在進入學齡後，與其他人的關係，比如和同學、老師或親戚等，也會變得同等重要。

做為家長，我們能如何幫助孩子建立並體驗正向的人際關係呢？

1.1 提升孩子的溝通能力

擁有正向溝通能力、對旁人感興趣的孩子顯得友善可愛。簡而言之，**正向的人際關係是透過正向的溝通建立起來的**。當我們與有攻擊傾向和被孤立的孩子多做溝通，並且引導他們與人多做交流，他們往往會突然間變得有能力與他人建立關係。

此外，正向的溝通能力還有另一個十分重要的作用：它能使人與人之間的談話變得更有意思、更活潑有趣，並且更豐富深入。在一個精彩有趣且豐富有深度的生活中，毒品和毫無意義的娛樂活動便沒有立足之地，不再被需要。

在這個課題上，我們可以思考下列問題：

在什麼情況下，我的孩子更健談，更樂於分享他的意見？

在哪些情況下，我的孩子會對別人或別人的興趣感到好奇？

當我們找到答案後，試著時常讓孩子置身於能對他人**講述事情**的環境與情況中，同樣重要的是，孩子願意**聆聽**他人有趣的描述。對孩子來說，不僅和大人的對話很重要，和同儕的交流也很重要。

1.2 審視自己的溝通方式

回想一下，和孩子說話時，你多半是用禁止和命令的語句呢？抑或是輕鬆地和孩子交談？

不妨和孩子多聊聊你自己的童年往事，分享自己今天經歷了哪些事，或把為什麼做某件事的原因解釋給孩子聽；你也可以對孩子的一天表示興趣，讓他們談談自己的朋友。關鍵在於，你和孩子之間的溝通不要僅止於教養的層面，有時候也應該讓你們的溝通成為**愉快的對話**。

由於孩子主要透過模仿來學習溝通的方式，所以我鼓勵家長們，常在孩子面前與他人交談閒聊。當然，你

與伴侶之間的溝通方式，對孩子也影響深遠。

這裡有一個發人省思的小故事：曾有人問法國前外交部長羅伯特·舒曼（Robert Schumann）為什麼不結婚？他回答：「許多年前，有一次我坐地鐵時，不小心踩到一位女士的腳，我都還沒來得及開口道歉，她就破口罵道，『蠢蛋，你沒長眼睛嗎！看看你踩在哪裡！』這時她抬頭看見我，突然雙頰發紅地說，『哦，尊貴的先生，對不起！我以為是我老公踩的！』」

1.3 設計加強孩子間凝聚力的活動

共同創造一些東西或進行一項活動，都有利於增進人與人之間的凝聚力，因為人際關係的發展不僅只有透過交談，更有賴於一起做事的過程。你可知道，孩童間或成人間在共患難的時刻，曾經建立起多少堅不可摧的情誼。

你有什麼想法，可將你的孩子和其他孩子聯繫起來嗎？例如：在夏天聯手蓋一間樹屋；在秋天遠足時，一起撿拾繽紛的落葉；或是在冬天時，合作烘培聖誕餅乾。你也可以邀請其他小朋友一起來動手繪畫、做做

美勞，或是鼓勵孩子參加一個有意義項目的青少年團體，比如童子軍或樂團。**在青春期之前就融入有建設性團體的孩子，在青春期時不會突然生出隨便加入任何一個同儕團體的迫切感**。順帶一提，共同的活動不僅有利於孩子間的凝聚力，在家庭內進行，自然也有利於家庭成員間的向心力。

1.4 製造親子親密對話的機會

兒童和成人都需要時常有機會分享一些關於自己的事。這需要時間，有時還需要些技巧。有的孩子會抓住每個機會說個不停，有的孩子則比較安靜。重要的是，安靜的孩子也能被注意到。

思考型？

行動型？

關係型？

有些孩子（往往是女孩）天生就是「**關係型**」，他們喜歡說話，尤其當我們問：「你今天過得如何？」、「你和朋友相處得好嗎？」或者「你感覺怎麼樣？」時，他們的話匣子一打開就關不上。

另一些孩子（通常是男孩）屬於「**行動型**」，當我們問：「你完成了什麼？」、「建造了什麼？」、「做了什麼？」或者「你準備做什麼？」時，他們會很樂意回答。然而當他們面對感受方面的問題時，往往一言不發。這些孩子在和他人一起**行動**時，比如在修理腳踏車或粉刷花園圍欄時，也會變得更加健談。

還有些兒童和成人屬於「**思考型**」：他們喜歡談論自己的計畫、幻想和想法。當我們徵求他們的意見或者對某件事的評價時，他們就會變得活潑而善於表達。這類型的孩子大多愛說奇幻故事，或是喜歡和別人一起深入探討哲學性的話題。然而對於涉及感受與行動的問題，無論提問的人多麼友善，他們多半顯得沉默寡言。

不妨問問自己：**我孩子主要的「溝通管道」**(4)是哪一種？

你或許會訝異察覺，青春期的男孩在討論到某個電玩的操作功能時是多麼滔滔不絕；或是當我們和一個十四歲的女孩一起出門逛街，詢問她對商店櫥窗裡衣服的看法時，她居然出乎意料地頭頭是道；當我們和平日木訥寡言的孩子一起進行某項活動時，比如幫一輛舊摩托車塗上鮮艷的新漆，或是一起烘培蛋糕，他們往往會變得很樂於表達。

1.5 察覺孩子的獨特性

當我們察覺到孩子的獨特性時，孩子就會感受到自己是一個獨特的個人。做為父母的我們，儘管有時會因為孩子而感到挫折、生氣和擔心，但仍能從他們身上感受到為人父母的驕傲。

我們可以這樣訓練自己的察覺力：思考一下，你會如何向一個不認識你孩子的陌生人描述他的性格、才能、興趣和優缺點？嘗試盡可能具體地找到這些問題的答案。

當我們有機會與其他人在談話中說到這些話題時，尤其是當女兒或兒子能聽見時，請**中肯而不誇大**地說出自己孩子獨特的一面。

1.6 **喚起孩子對他人錯誤的理解心**

當我們能理解他人犯的錯誤時，我們便已喚醒了自己的寬容之心。而寬容，正是人際關係能力中最重要的基礎。

當孩子責怪、哭泣、抱怨別人或令他沮喪的情況時，先讓他們發洩，不要急著壓抑孩子的不快，稍微等一會兒，再和孩子進行以下這個情境遊戲：詢問孩子對他人的行為**動機**有什麼看法，例

如：「你認為他爲什麼會這樣做呢？」或者「你認為情況爲什麼會變成這樣？」

你也可以和孩子一起揣摩猜測。重要的是，在這個遊戲中，不要貶低孩子的判斷，而是和他一起學習換位思考，瞭解他人行為背後的動機。

1.7 學習以建設性的方式面對不當行為的後果

教導孩子勇於面對自己的錯誤，並且從中學習，是成長過程中相當重要的一環。我們每個人都會犯錯，會冒犯得罪人，有時也會忽略別人的感受莽撞行事，但這些情況不見得就一定會導致人際關係失調。澄清這些傷害性行為背後的動機通常很有助益，並且能讓兩個人之間的關係變得更為親密。真正具有破壞性的，其實是冒犯行為所衍生出的後續發展。這往往起因於當事人之一不願意承認自己的過錯，並開始否認、說謊，或出於自衛心態而攻擊對方；另一個人自然會接著捍衛自己的權益甚或報仇，於是轉眼間衝突就白熱化了。

我們可以引導孩子，用有建設性的方式（包括道歉和適合年齡的彌補方式）處理錯誤行為的後果，藉此來加強孩子處理人際關係的能力。舉個例子：來找我諮詢的一位客戶，回憶他年輕時曾經在一家商店偷了一張CD，東窗事發後，向來嚴格的父親並未因此懲罰他，而是要求他寫一封圖文並茂的道歉信，然後陪同他前往商店向店長歸還CD並呈上道歉信；另一個諮詢者則記得，自己小時候曾對一位老婦人出言不遜，她的爸媽教她帶著一束花，當面向老太太說聲「對不起」來道歉。

1.8 與孩子開心玩耍

還記得上一次你和孩子玩得很開心，是什麼時候嗎？哪些時刻，你會覺得自己的女兒或兒子很有趣？孩子其實有許多可愛逗人的一面，他們可以為了一球冰淇淋在瞬間裝哭；一個男孩生悶氣的持續力簡直讓人跌破眼鏡；還有青少年願意花多長的時間在臉上東戳西擠。父母眼中閃爍的光芒，傳達著他們從孩子身上得到的喜悅。

難道你不想偶爾把養兒育女的煩惱放在一旁，被孩子那些可愛有趣的一面逗樂嗎？

2 第二個支柱

「我有能力做到」的自信

體驗到自己有能力，也就是內心相信「我可以」，是發展出健全自我價值感的第二個支柱。

兒童與青少年透過對自身能力的體驗，會感到自己在這個世界上是重要的，甚至是必要的。有的孩子深受父母關愛，在生命的最初幾年，這種愛無疑是奠定健全自我價值感的基石。但隨著年齡成長，能力的重要性會變得愈來愈高。對青少年而言，甚或成年人也是，僅僅被愛是不夠的，只有當我們體驗到自己有能力做一些事時，才會發展出面對生活的勇氣。

如果一個人對被愛與被讚賞有過度的需求，往往起因於他對自身能力缺乏足夠的正向經驗。

做為父母，我們能如何幫助孩子提升他的個人能力呢？

2.1 鼓勵孩子表現：「引誘」孩子進入能體驗他有能力做某件事的生活領域

並非所有孩子的學習都成績優異，但是每個學生都擁有自己的特長，有些是天資優越的學習者，有些是體育健將，有些擅長打點採買，有些歌聲優美，還有些心性體貼，也有些孩子雖然不擅長動手做事，但是熱愛並善於與人討論問題，也樂於思索如何解決棘手難題。

嘗試找出你的孩子是哪個領域的「專家」，將他們引入這些領域中，鼓勵他們表現。只有這樣做才能為孩子營造出「我可以」的獨特經驗。

在此，我想提醒家長們要當心一個「教育陷阱」：也許你自己在青少年時期曾經頻繁面對長輩們過高的要求，出於對孩子的愛，你不想讓他也遭遇同樣的挫折，於是你可能只因為孩子很有技巧地表現出「這一切都太難太累了」的模樣，輕易就放棄了對女兒的期望，或跟兒子一起的某項計畫。

然而，只有當人們在面臨挑戰並全心投入時，才會啟動「心流」[4]體驗滿足忘我的狀態。只有當我們體驗到自己有能力處理掌控某些事時，才會發生[5]。簡而言之：**只有經由努力得來的成功，才會顯得有意義。**

正如前文提及的，孩子有時會察言觀色，機靈地表現出「這一切都太累了」的模樣，現在你可能感到左右為難：一方面，我們知道努力之後卻徒勞無功讓人氣餒；但是另一方面，我們也知道，要想體驗到自身的能力和成功，努力是不可或缺的。

那麼，有辦法能解決這兩難的處境嗎？關鍵就在：透過仔細觀察自己的孩子，還有與熟悉孩子的老師交流，我們很快就能學會「要求的藝術」，能對孩子提出合適而不過分的挑戰。我們很快就會練就一雙慧眼（當然並非絕對可靠的），判斷孩子在哪些生活領域有應對挑戰的能力。我們也可以跟孩子說明，我們會對他有這些期待與要求，是因為他在這個領域特別有天賦。

不少青少年在成長過程中變得懶散被動、缺乏進取心，尤其是個頭突然竄高或變胖的青少年，生活節奏會明顯放慢。他們走路、說話似乎都像是慢動作，甚至連思考時也是；這個現象首先有其生理因素，我們腦部負責的運動協調性需要先有經驗值，才能適應變化中的體型與體重（青少年有時每年身高變化超過十公分，體重超過十公斤）。當大腦已經習慣了一個更輕更小的身體所需的協調性，對於突然出現的快速變化就會反應遲緩。

因此，要讓新的、更高更重的體型動起來（行走），甚或只是從椅子上站起來這麼簡單的事，確實都會變得很費勁。身材高大的家長們，或許還記得多年前自己這個體型上「沉重」的生活階段。

如果情況允許，青少年對這個變化會採取十分自然的反應，那就是避免費力。然而，這個「避免費力的行為模式」卻有迴旋鏢效應：大腦對已改變的體型的協調性經驗愈少，就會愈難以適應新的身體，結果養成青少年**生理和心理**上的懶散慣性。如果不加以克服，這個慣性可能會持續數年、甚或數十年，而阻礙了一個有才華年輕人生活中的許多機會。

有許多經驗證明，愛運動、在家必須時常幫忙做家事的孩子，或是住家離學校有點距離，但仍騎自行車上下學的青少年，很快就恢復了對基礎身體動作的掌控。而更快地適應掌控新的身體，就能有效消除各方面的懶散慣性。換句話說，這時青少年不僅行動變得更快，就連思考也會再度敏捷起來，也就是大腦已經對需要適應的新情況做好準備，蓄勢待發。

所以讀者們，向你（懶散的）兒子或女兒解釋身體掌控和成長之間的關聯，然後鼓勵他們去做一些活動，幫助大腦更快學習調整，例如從事一項結合敏捷性、協調性和樂趣的運動。只要每週運動兩小時，例如籃球、手球或排球，短短幾個月後就能見效，青少年將不會再一天到晚感到無精打彩。

2.2 具體說出孩子擁有的能力

鼓勵孩子積極參與很重要，同樣重要的是，察覺孩子有能力做什麼事，並且將之說出來。有些爸媽會為了微不足道的小事，就言過其實地誇讚孩子。然而，比起誇大的讚美，更明智的做法是，具體說出孩子**所做的事情**，並且對此表示興趣。

舉例來說：孩子畫了一幅美麗的畫，爸媽和爺爺奶奶看了都讚不絕口：「你真了不起！真棒！你是一個真正的藝術家！真正的神童！」

然而，對孩子而言，更有益的做法是，少一些浮誇的讚美，多一些具體的回饋，比方說：「這些樹看起來很有意思，你還用了一些很漂亮的顏色。這個圓圈是什麼意思？這張畫裡的天氣如何？」等等，我們也可以和孩子聊聊畫裡的人物。

對孩子的肯定和欣賞，不只可透過誇獎表示，也可透過對孩子所知道的、會的事情**感興趣**來表達。如果我們能對孩子的成績少一分關注，並對他們在不同課程裡所學到的內容，多一分感興趣，那麼親子關係將會更為融洽。我們也會驚訝發現，孩子的頭腦裡居然有那麼多的新鮮事等著被發掘。我們還可能有機會從孩子們那裡得知：水壩是怎樣建造的、為什麼仙人掌只需要很少的水、為什麼古代的國王穿貂皮大衣。

透過對孩子所知道的事物感興趣，就是對孩子學習的一種肯定，而我們這麼做的同時，也在告訴孩子，知識和教育本身就是寶貴的財富。

這裡還有一些建議：讚賞要及時，在孩子表現了他的能力之後，要立即給與肯定。製造機會，讓孩子展現他的能力或成果，這可以讓孩子對自己所達成的事產生成就感。

此外，還有個重要的提醒：經過實證的研究表明，女孩比男孩更快忘記正面的回饋，所以比起給兒子，我們應該更常給女兒正面的肯定。

2.3 認識孩子的學習特質

在管理學中，我們把工作者分為四種特質：思想家、行動派、社會型和表演者。還記得第一章1.4中提到的「溝通管道」嗎？我們也可以依此分類來認識孩子的學習特質。

思想家類型的人，工作方式深刻而精確，做事仔細嚴謹，喜歡思考問題，尤其是理論性的問題。如果要達到最理想的表現，他們必須要有獨處的機會。思想家需要一個安靜的地方、平和的內心狀態和充裕的時間。這類型的人在出了社會之後，假如不得不在開放式的辦公室和許多人一起工作，或是承受壓力時，他就會喪失對工作的熱情，工作表現也會不佳。

行動派的人，講求實用，舉凡牽涉到具體事物和實際行動的情況，都能讓他活躍起來，輕鬆自信地處理好任務、設立目標，並精力十足地投入。然而，當他被委派理論的思考性工作，或是要求他深入瞭解脫離日常實用性的專業領域時，他就難以表現出能力。

社會型的人，樂於為身邊的人和世界的美好付出。這類型的人是熱心的團隊工作者，喜愛與人共處，並

且關心他人的幸福。當他有機會**協同夥伴一起爲了他人或改善情況而努力時**，就會如魚得水般勝任其職。但是當他的工作任務無法促進他人的福祉，或是沒有齊心協力的工作夥伴，一起為著共同目標努力時，他會很快就失去動力。

表演者類型的人不想把自己歸屬在某個團體，同時他有許多能讓自己脫穎而出的生活技能。當某項任務能為他贏得別人的高度關注，或是能讓

他在人群中「閃閃發亮」時，他會很樂意展現自己的出色才能。不過，當他的努力沒有獲得預期的注目，或當他被視為團體裡的配角時，表演者很快就會喪失表現的動力。

經驗研究表明，每個人都有一項特別鮮明的「第一特質」，和較不明顯的「第二特質」。成年後，我們自然會透過自我學習來彌補自身工作特質上的不足，並且在其他不擅長的領域裡培養出最低限度的能力。但這個

發現對於兒童和青少年教育而言，又有什麼意義呢？

這個發現指出了極為重要的一點，那就是：許多孩子在並不合適他的學習環境中成長。學習表現不佳，通常並非是因為孩子缺乏資質，絕大多數是因為有天分的孩子上錯了學校所造成的。

大部分的學校特別適合「思想家兼表演者」類型的孩子。在這些學校，學生應該以最快的速度學會一些與他們目前生活無關的知識，並且能反覆琢磨，然後在班級中將學習成果出色地展現出來。因此，問題來了，因為思想家兼表演者是最少的一種組合，所以父母必須要能辨識孩子的學習特質，並為他們營造或挑選合適的學習環境。

思想家是四個類型中最適應學校要求的。他需要屬於自己的安靜房間，或是至少有一個可以安靜學習與獨處的地方。他不喜歡湊熱鬧和團體一起出遊，也不喜歡在學校宿舍裡的公共休息區和大家共同生活與學習。他需要可以時常一起探討生活各方面哲學的同伴，並且參加能夠加深某個學科領域知識的專門課程。

在重視理論知識的學校中，**行動派**類型的孩子會感到十分受挫，甚至覺得自己是失敗者。他需要理解並感受到生活與學習素材中「頭腦與手」的關聯性。他必須要有機會去行動、去觀察以及手腦並用，這樣他才能有出色的表現。這些孩子很適合蒙特梭利學校，也適合在日常教學中安排很多活動和結合實際動手操作課程的學校。

行動派的孩子，如果能在假期中參與農家工作，或有機會在餐館當小服務生，他們會發展出令人難以置信的工作熱忱。相形之下，教科書則很少能打動他們。雖然他們能在書本前坐上好幾個小時，但對眼前的學習內容卻極可能完全無動於衷，讓知識只是「擦身而過」。

對抗拒唸書的行動派孩子的父母來說，這個例子或許可以提供一些安慰：雖然在學校，思想型的孩子常表現優異，相對之下，大多行動派的孩子則在**畢業後**才展現出他們的才能。很可能在有一天，一個四十歲的思想家去一家公司面試時，巧遇一個曾經功課很差的老同學，而這位老同學在幾年前成功創辦了這家正在招聘專家的公司。

社會型的孩子不適合進入強調競爭、對獨立作業要求極高的學校。對他們而言，提供許多認識新朋友、旅行和交流機會的語言學校，或是實行各類社會服務的學校，有國內外實習機會以及鼓勵團隊合作的學校，都十分理想。

表演者類型的孩子如果在團隊合作中沒有獲得特殊任務，往往會破壞或阻礙團體工作的發展；不過，如果是在音樂或美術學校，或在有演出機會的學校，以及那些特別鼓勵兒童發展個人才藝的學校，他們會在努力中獲得樂趣。**表演者**類型的孩子，如果有定期向外界展示學習成果或能力的機會，他的表演動機將會帶領他度過整個學生時代。

親愛的爸媽們，正如我們所看到的，孩子（成年人也是）如果在一個不適合的學習或工作環境中，只能表現平平，但是當我們認識到孩子的學習特質後，剩下的問題就是打聽相關資訊並稍加安排，為每個孩子找到適合他的學習環境。

在許多國家，學校的選擇性或許有限，那麼父母應該至少在課外時間，讓孩子有多一些機會去參與適合他學習特質的活動。當然，這些分類也適用在**我們**身上，也許你也有興趣想知道你自己具備什麼樣的主要工作特質？

2.4 鼓勵孩子以解決問題的方式去思考

只有當孩子自己找到解決問題的方法時，他才能發展出對自己能力的肯定感。然而，很多家庭的溝通方式經常是以問題為導向，在這些家庭中，重點通常放在什麼是**不可能的**和**爲什麼不可能**。

舉例來說：有個孩子想要新的自行車，並且他已經看中了一輛車。但他爸爸說：「這輛自行車太貴太大了，我們沒有這麼多錢。」

想像一下，你聽了這句話的感覺如何？

另一個爸爸這樣說：「你看，我們有二百五十歐元可用，讓我們來找一輛預算之內最好的車吧。」

第一個父親的言論，使孩子感到窘迫被拒絕；第二個父親的回答，則給予孩子思考空間。

檢查一下你自己的溝通方式：交談時，你是以**問題**為導向，還是以**解決方法**為導向？

你習慣強調什麼是**不可能的**，或者你會說什麼是**可能的**？

改用以**解決方法**為導向的語言，會讓孩子更容易接受，而且也有益於你自己的心靈健康。

2.5 教孩子將問題視為挑戰

一位知名的發明家在被問及他的創意來源時，透露自己的成功祕訣：

「晚上躺在床上時，我會回想並找出那些讓我心煩或感到不方便的事物，接著我會仔細思考，如何解決這個問題？」

我們都能輕鬆邁出他所說的第一步，找到那些讓我們煩心的事物，但是接下來的第二步呢？這緊接著的第二步，正是關鍵所在。

我們可以在和孩子一起出門購物、散步或是烹飪時，嘗試這個發明家的問答遊戲：列出一些日常生活中或是人際關係中的問題，然後共同發揮創意，找出解決這些問題的辦法。例如，要是這些漂亮的車子永遠都不會故障就好了，有什麼方法能讓車子不抛錨嗎？我們能發明出什麼呢？又或者，當我們看見一位老奶奶提著一個大皮包時，互相腦力激盪：有什麼方法可以幫助她在出門時，不必帶那麼沉重的皮包嗎？還有，怎樣才能讓孫子孫女記得爺爺奶奶的生日呢？

這個問答遊戲對兒童和成人都具有感染力，因為它鼓勵**富有想像力的思考**。切記，重要的是動腦思考的樂趣，而非這些想法的可行性！

舉一個以解決方式思考的例子：日本工程師盛田昭夫和他青春期的孩子去海邊度假。不過，那些神氣地走在海灘上、肩上扛著笨重又吵鬧的卡式錄音機的年輕人，讓對噪音特別敏感的盛田昭夫簡直快瘋了，這趟假期眼看就要泡湯了。然而，他內心也對一些身材瘦小卻吃力地扛著沉重設備的孩子感到同情。於是盛田昭夫反覆思索：這些孩子為什麼一定要背著這麼重的鬼機器，還用他們的音樂來吵死我？到了晚上，他在飯店裡思考著，如何製造一台體積小又便於青少年隨身攜帶的錄音機，而且只有他本人可以聽到播放的音樂。接下來的故事眾所皆知：在這個不眠之夜，盛田昭夫發明了隨身聽！

另外，你知道如今隨處可見的 3M 黃色便條紙，其實是生產流程錯誤所

我們能
怎麼解決
這個問題呢？

創造出來的嗎？3M化學部門的主管沒有詢問是誰犯的錯誤，而是動腦思考找出如何解決這個黏性不佳的黏合劑的方法。

2.6 賦予孩子責任

請放心的對孩子有所要求，給他們負責任的機會，才能促進他們承擔責任的能力。而這種能力會促使人產生生活的勇氣，這也是有意義人生的基石。我們的孩子會因此變得更成熟，並在參與的過程中獲得樂趣。

我們可以在下列各方面讓孩子負責一些任務：

- **人際關係方面**：例如，逗奶奶發笑、為生病的姐姐泡一杯熱茶、為別人挑選一份合適的生日禮物或是幫助弱者。

- **日常生活方面**：例如，採買小額的日用品、幫忙整理花園或收拾儲藏室。
- **思考方面**：像是計畫生日派對、參與規劃旅行的行程、制定買自行車的存錢計畫。

不少「小祕書」在得到大人的信任被委託處理事物時，往往會展現令人出乎意料的能力。我們也可以給一些零用錢做為獎勵，讓孩子自己分配利用這些錢，買零食甜點、文具或運動用品。

在哪些方面，你能夠輕鬆地把責任委託給孩子？

在哪些方面，你又代替孩子承擔了責任？

還有，在哪些領域裡，你的孩子需要更多的挑戰？

2.7 提升孩子應對生活的能力

我們並非只有透過與眾不同的思考，或是達成特殊任務時，才能取得出色的成就；我們在面臨困難時採取特殊方式應對，同樣也能獲得出色的成就。

適時對孩子的「成就」給予肯定，尤其是當他們在生活管理方面表現出應對能力時，比方：**當孩子通過一個困難的考驗、克服懶散和興趣缺缺的態度，或是學會放棄一些「必須」立即擁有的東西，對兒童和青少年來說，這些表現都是非同小可的成就。**而唯有透過不斷地練習嘗試，孩子才能愈來愈輕鬆做到。

還記得前面解釋過的「身體成長和懶散」之間的關係嗎？儘管這個關

聯的起因是自然的生理現象，我們還是要切記，孩子（成年人也是）都需要學習克服無精打采的惰性，並且不受其主導。正如弗蘭克所說的：「你沒必要忍受自己的一切。」

當孩子做到了，請記得肯定他，即使只是一句隨口的讚賞或鼓勵，也會在孩子的記憶中長久留存。

當孩子在學校的成績不好，但仍然不放棄繼續努力；即使在運動時受挫，還是繼續參與；儘管在表演時出了小差錯，也繼續投入排練——這些都並非理所當然，挫折本來就是生活的一部分，要學會處理挫折，就需要不斷練習。**有時做個心態良好的輸家，要比成為眾人讚賞的贏家，是更難能可貴的成就！**

當孩子真的做到了克服失敗，並且沒有很快就放棄自己的計畫時，別忘了對他們說明這個態度背後所具有的人性價值。在這些時刻，我們可以盡力鼓勵並支持他們，藉此你們將一起體驗到彼此間的凝聚力。（也許你聽過這個說法：勝利者並非更少摔跤，而是他們總是再次站起來！）

並且，孩子和成年人一樣，都不斷在成長發展。或許你的孩子目前還不會一些別的孩子已經會的東西，這時請鼓勵你的孩子，給他們希望和勇氣，去邁向下一個飛躍式的發展。

「思考的按鈕」終會有開啟的一天，對這一刻來臨的相信與期待，會幫助孩子在灰心喪氣的時刻重拾勇氣。

在這裡，我們有必要說明一下動機理論（Motivationstheorie）中的四個重要見解：

- **有他人在場時，表揚的效果更強大；批評教誨則應該以一對一的方式進行，毫無例外。**
- **恐懼會讓人變笨：**恐懼會導致腦部過度緊張，進而妨礙重要的認知功能發揮作用，例如創造力或邏輯思考。許多成年人都熟悉這種現象：當你離開一個讓你害怕的環境，或是能更好地處理恐懼時，你會突然間變得機智風趣且富有創造力。

● **隨口說出的話，要比直接的言論影響更大**。先舉一個負面的例子：有個英語老師對一個學生說：「沒有任何外國人能聽得懂你的英語！現在讓我來看看，你的作業本寫得怎麼樣！」或是「你的功課老是寫得馬馬虎虎，讓我來測驗一下，你到底學會新單字了嗎？」

隨口說的負面批評就像一支毒箭，直射一個人的心靈，因為聽者會被句子的前半部吸引，所以這些字眼毫無阻礙地就操控了他的情緒。不少人在幾十年後，還記得當年教育者這些隨口說出的話語。

不過，隨口說出的話語也能起到激勵作用。舉一個正面的例子：「就是你！有一天你一定會出人頭地。不過現在我們得先看看，怎麼能讓你順利通過這學期的測試。」又或是「等你真的想要的時候，當然就有能力克服你的惰性。但是現在先讓我看看，你的功課寫得如何。」

當然，就如同所有的稱讚一樣，隨口且不經意說出的正面評價，也應該真實中肯而不誇大。

- **最重要的動機因素之一是，明瞭一個努力行為背後的意義，也就是要瞭解：我為了什麼目的要這麼做。**不論孩子或大人，當我們知道這個問題的答案時，就能充滿幹勁，實現出人意表的成就。因此這裡有個建議：時常對孩子說明，你為什麼做、或是不做一些事的原因（請參見第三章3.6）。

---

4 譯註：Flow（心流）一詞由正向心理學家米哈里．契克森米哈伊（Mihaly Csikszentmihalyi）於一九七五年提出，指當人專心致志從事一項活動時，內心完全沉浸其中，生出高度充實喜悅感，而達到的「忘我」境界。

3

第三個支柱

目標和價值觀的指南針

如果生活中沒有目標和價值觀，我們就會猶如一艘沒有導航的船，陷入迷途。兒童和成人都需要目標和價值觀，來為生活提供穩固的立足點、指引和保護，並依此來採取行動。對於某些目標，我們會說：「這是我的人生意義。」從實現這些目標的過程當中，我們能贏得生活的勇氣和力量。當我們受挫或遭遇困境時，這份生命力能幫助我們走出困境。

價值取向也具有同等的重要性：人愈年幼時，就愈需要身邊的照顧者以溫暖寬厚的方式，來為他循循善誘。這些人經由自己的生活方式，透過自己的態度，以及一些與「人之存在」問題的重要對談，來讓孩子們知道，投身為這個世界努力是一件多麼有價值的事。人們所堅持的價值觀，往往反過來也成為支持他生活的動力。

那麼，爸媽該如何給孩子指引方向呢？

3.1 與孩子一起討論目標和計畫

當一個人的生活在「動」與「靜」之間取得平衡時，就能過得充實。兒童與成人都需要適度的放鬆休息，以保持內心的均衡與和諧；但同時也需要有目標，來指引他們朝著某個特定的方向前進。

孩子對父母所設立的目標和計畫，總是興味盎然的。

你是否有時會談論自己的目標或

計畫呢？比方說：你打算如何慶祝即將來臨的生日？晚餐要買什麼？你打算對公寓裡進行哪些改變？又或者，你們想如何共度星期天？

不妨也向孩子們說說，你當下正為了什麼樣的目標在存錢。不過請務必留心：只說那些你**真正有打算要做的事**，因為孩子的記憶力往往出人意料的好！

3.2 跟孩子談論那些敢於活得與眾不同的人

在你們的家族中，是否有人白手起家，也就是用很少的資金創業卻做得有聲有色？或是你認識的人當中，有一位朋友儘管在困境中長大，卻成為了不平凡的人？你身邊是否有同事曾經為了陷入逆境中的同事挺身而出？

孩子們都愛聽生活小故事，並且樂於認同故事中的英雄。也許你還記得自己小時候，那些深得你心的故事裡的英雄是如何縈繞心頭，讓你朝思暮想。

其實無論是真人實事，還是有關於哈利．波特（Harry Potter）或比爾．蓋茲（Bill Gates）的書，關鍵在

於這些故事精彩有趣，並且能讓孩子明白，一個有好想法並且堅持目標的人，是可以改變世界。我們也可以請爺爺奶奶向孫子孫女，聊一聊自己的人生經歷。

3.3 不要用成人的價值觀來貶低孩子的目標

青少年和成人的價值觀往往大相徑庭，當青春期的女兒滿腦子想著要變漂亮、苗條、被人注目，或是十七歲的兒子夢想著擁有一輛跑車或摩托車，甚或異想天開，奢望在伊比薩島有一棟海濱度假別墅時，我們不用為此感到沮喪失望。當女兒生氣地抱怨她的腳太大時，也請不要和她談論內在價值的重要性，請和善地傾聽孩子的目標和價值觀，並問問孩子，他打算如何實現自己的目標。因為光是討論這個問題，往往就能打開有趣的跨代對談。

同時，活出你自己的價值觀，並向孩子們展示為愛、公民勇氣、禮貌或正義等非物質的價值觀而努力，也能讓生活充滿樂趣！即便當你自己沒注意到時，孩子們也總會細心地察覺到你的行為。

3.4 和孩子一起學習有意義的取捨

「有意義的放棄」這件事，我們父母那一代做過了頭，而我們孩子這一代卻做得差強人意。試想，如果一個孩子總是能從父母那裡得到昂貴的玩具、良好的教育機會和豐富的休閒活動，卻沒有「必須放棄」某些事物的機會，這真的是好事嗎？

爲了更高的價値而選擇放棄某些事物的能力，是一種促使人去過健康有活力生活的能力。而這個能力，是可以一步一步學會的。

不妨和孩子一同練習有意義的捨棄，例如，在物質方面：為了存錢買一輛自行車，而有意識地選擇放棄一支霜淇淋、一次去水上樂園的機會，或是不購買一件新毛衣。

同樣的，在人際社交領域方面：我們可以鼓勵子女，在其他孩子生日時，把注意力放在壽星身上，而不是讓其他人關注自己；孩子們對學校所組織的「一日麵包與水」這類為病童治病的義賣募款活動，往往反應熱烈。

重要的是，「捨棄」必須一小步、一小步地漸進學習，並讓孩子能夠很直接的瞭解到放棄的意義（「為了……」這個詞在這裡很有用），而且能讓他們為自己因此而達到的成就引以為傲。

3.5 建構規律的日常生活，並通過「儀式」來鞏固規律

想要豐富的日常生活，可以透過明確的條理來建構，並且將令人開心的事物化作「儀式」帶入日常。不論是早晨起床後互道早安、放學回家時的親吻、睡前說故事或星期天共進的家庭早餐，這些對孩子而言都同樣重要，而且無法被替代。

問問你身邊的朋友，他們家中有哪些日常例行的活動或節日習俗，效仿一下別人的好點子，從中掘取靈感。你也可以回想一下：年幼時你特別喜愛家中的哪些日常習慣和節慶活動？你曾經在朋友家中，經歷過哪些特別美好的習俗儀式？

神學家古倫神父（Anselm Grün）[6]寫過一本介紹許多原創性儀式點子的書。愉悅的儀式不僅對孩子很重要，對夫妻關係、朋友間或單身男女也同樣不可或缺。儀式能為我們的生活增添奇妙的光彩，並且能穩定心靈，不過有個前提：儀式需要特別的地點和特定的時間，並且要能讓參與者樂在其中。

3.6 清楚說明遊戲規則

你有權在自己家中提出一套明確的價值觀和遊戲規則。當然，這些規則與價值觀必須有意義，不是獨裁地要孩子「執行你的指令」，這樣才能為孩子指引出必要的方向。

鼓起勇氣向孩子清楚說明，在你眼中什麼是**重要**且**正確**的事物，並且為這些價值觀站台。過程中當然不可能沒有衝突，因為孩子會一再試探爸媽的立場堅不堅定。當孩子用語言或非語言的方式，反映這些家庭規則讓他們多麼痛苦難受，為人父母者難免就容易心軟讓步。

讓我們試想一下某個普通家庭的一個日常情況：他們的家庭價值觀之一是，每個成員都要為這個小團體的幸福有所貢獻。例如，對爸爸而言，他的責任是去公司上班和整理花園；當老師的媽媽則是教書和做家務；女兒負責在飯後收拾餐盤，以及在媽媽晚下課的時候，幫忙購買餐點。

當然，孩子所承擔的義務遠遠少於爸媽所承擔的，儘管如此，我們這個時代的青少年依然會竭盡所能，試圖擺脫這些麻煩的責任。想一想，他們最有效的表達方式是什麼呢？

很簡單：就是悶悶不樂，擺張臭臉，把牛奶、麵包、番茄啪地往桌上一甩；或是在收拾餐桌後，對爸媽不理不睬好幾個小時。我們父母那一代根本不會在意這一類的抗議，頂多訓誡和警告小孩要多注意禮貌。

然而，我們這代的教育者並非如此，而是以更關心、更呵護、更善體人意的方式在教養孩子：我們不禁會捫心自問，女兒此刻是否感到不被愛、不被理解？或是她感到被要求得太多呢？我們會在心裡猜測著，女兒快樂嗎？她還喜歡我們嗎？

於是，我們嘗試從她的表情中解讀出答案。緊接著，腦海中不妙的感覺便因此一一得到證實：一、做家事讓女兒痛苦。二、她不再愛我們了！和女兒的精神痛苦以及她不再愛我們相比，餐後凌亂的飯桌和沒去買麵包，未免都顯得太微不足道了！結果，媽媽還是自己收拾餐桌，並趁著短暫的午休空檔，匆匆趕去買麵包。你覺得這個女兒的臉色會因此再度神采奕奕嗎？

從這個小故事，我們可以認識到，當前的時代，不只是父母在教育孩子，反之亦然，不少父母也被自己的孩子很有效地教育著。你知道現代孩子教育父母最有效的兩種方式是什麼嗎？那便是：

● **面露痛苦表情**。

●愛的撤回。

正因為我們深愛著孩子，而孩子能源源不絕地感到幸福這件事，對我們來說是如此的重要，所以這兩個訊號輕易就軟化了我們。

我從與許多青少年和家長的談話中瞭解到，**最難的事，是即使當孩子表現出痛苦的模樣，或用收回對爸媽的愛做爲抗議時，依然堅持有意義的規則和約定**。許多家長們的基本原則往往敗在這一步。隨之而來的，就是

他們對自己教育孩子的能力失去信心。

想要避免這種情況的發生，其實有一個十分簡單的解決方法，當我們觀察一流的教育者和天生善於教養的父母就會發現，他們做出的決定，並非基於孩子語言或非語言的反應，而是取決於**事先的考量**。如此一來，孩子的負面反應雖然值得參考，但是不會影響決定。

明智的家長會問：對我的孩子和我們家庭而言，什麼是最有意義的選擇？這種情況下，什麼才是對的？從長遠角度來看，哪些規則和目標能使孩子受益？

在這些父母的價值尺規上，第一優先的考量是：什麼才是最有意義的規則和目標。與孩子當下的反應相比，他們更看重子女和家庭長遠的幸福。這麼做可使爸媽們免於受到孩子的「勒索」（相對於以「反應」為導向的教育，這是以「意義」為導向的教育）。我們往往會驚奇地發現：原來總是擺著一張臭臉的孩子，在有原則的大人身邊時，居然變得開朗活潑而且健談。

以下的問題能幫助我們更瞭解這一點，進一步思考：

我和孩子相處時，大多數的時候是以「反應」為導向，還是以「意義」為導向？

對我而言，在自己的生活中，哪些目標和價值觀很重要？而在孩子的生活中，又有哪些目標和規則是重要的？

哪些規則，我可以輕鬆地教給孩子，而哪些則很難？

當孩子表現出一副痛苦的模樣時，我需要什麼樣的幫助，才能堅持不放棄一個有意義的計畫？

有關討論家庭內部協議的方式，湯瑪斯．高登（Thomas Gordon）所著的《P. E. T. 父母效能訓練》(7)，提供了對每個家庭都十分實用的建議。

3.7 用價值觀主導生活，並和孩子談論行為背後的意義

鼓起勇氣說出那些對你而言很重要的價值觀，並積極地投入其中。青少年樂於把真誠按照內心價值觀生活的大人視為學習榜樣。

這裡有個給家長和老師的有趣練習：請你每隔一段時間就思考一下，在當前的生活階段，你把哪些目標和價值觀放在優先地位。舉例來說，在生活中，什麼對你而言很重要？你工作只是為了賺錢，還是這工作本身對

你而言就很重要？你打算用什麼特別的方式施展自己的才能？你以什麼為榮？知識對你而言有多重要？團結行動對你來說又有多重要？你希望自己十年後成為什麼樣的人？你想強化自己的哪些性格特質？你想在這個世界上，為了什麼目標而努力呢？

在與孩子的對話中，我們可以透過談論自己行為背後的動機，來協助孩子理解不同情況中的行為與其意義的關聯。舉例來說：一位身為護士的母親告訴孩子，她的病人因為醫院的治療和她的看護得以健康返家的喜悅；一位當老師的父親告訴女兒，一些孩子受益於學校的課程，如何在短時間內就學會閱讀一本有趣的書，或寫一封重要的信。

3.8 對孩子說出你相信的正向事物

「我們都在隕落……然而有一位用自己的雙手，無限溫柔地接住這隕落。」奧地利詩人萊納．瑪利亞．里爾克（Rainer Maria Rilke）曾這麼寫道。

你有信仰嗎？相信人性的善良光輝嗎？相信生活會圓滿，並且孩子將找到自己的人生道路嗎？孩子有權知道父母相信什麼，你是否曾經透露讓孩子知道，你是從哪裡獲得度過難關的力量？又是什麼，在危難時刻給予你勇氣呢？

3.9 培養家庭的凝聚力

無論你願不願意，你已經和家庭成員組成了一個團隊。不過，你可以發揮影響力，決定團隊成員是隊友還是對手；是每個人都為自己而戰，還是大家都朝著共同的目標努力。

我們可以透過講述有趣的家族故事，增強孩子對家庭的向心力，讓他們為某個親人或某段家族歷史感到自豪。我們也可以鼓勵爺爺奶奶向孫

子講述過往的時代，找出有趣的舊照片給他們看。我們還可以使用自己的「家族色彩」，一起繪製一枚家族徽章。

此外，共同度過的危機，共同克服的失敗，或一句「只要我們一起就可以做到！」也能增強孩子的團隊精神。

當孩子對家庭的認同感提升時，同時也會增強孩子的自信心。

4 第四個支柱

正面的自我感覺

孩子和大人一樣，都是道德生物。如果有人長期認為自己的品行不良，或深信自己性格不佳，這些想法都會在無形中削弱一個兒童或成人的生命力。然而，也正是這份生命力能幫助我們改變負面的內在心境或外在環境。在道德上相信自己的人，有一層健全的保護膜，不容易發展出對他人的過度依賴和精神官能症。

我們可以從許多方面著手，來幫助孩子發展出正面的自我感覺，讓他們相信自己是個善良的人。

4.1 說出孩子做的好事情

留心注意孩子正在做的好事，並將它說出來。這裡所指的意思，並不是讓孩子意識到他很「乖巧」，而是他**有心為其他人**做什麼。比方：有的孩子為了不洩露父親酗酒的事，而在學校裡說謊；也有的孩子偷糖果，是為了送給老師。爸媽難過的時候，孩子自然會想安慰他們。有些孩子通情達理、善體人意，會在這時關愛地撫摸爸爸或媽媽；有些孩子則可能笨拙一些，用亂扔玩具的方式來分散爸媽的注意力。

每個孩子都在嘗試用自己的方式，為他人做一些事。所以有時我們可能需要三思，才會發覺孩子某些行為中的「善意」，例如，你最喜歡的衣服居然被孩子用彩色筆塗得五彩繽紛。儘管如此，請依然時時對孩子善意的行事給予肯定，喚醒他們內心正面的感覺。（這故事發生在一位來找我諮商的客戶身上，她小時候家境貧寒，有一回她用彩色筆把母親唯一的一件白襯衫塗得五彩繽紛，結果惹得媽媽大發雷霆。然而，她那麼做的動機只是因為，前幾天她們經過商店櫥窗時，媽媽對一件花色絢麗的衣服讚不絕口，而她心裡清楚她們買不起新衣服。）

4.2 對所謂的「壞小孩」說出他們所做的任何小改變

有些兒童和青少年有時候會讓人很生氣：他們干擾別人做事、老是悶悶不樂臭著一張臉、無緣無故打架，而且還對什麼都不滿。很有可能的狀況是，這樣的孩子還沒有足夠的溝通力，正因為他們沒有更好的策略，所以才試圖以擾亂的方式與他人互動並建立關係。

你會發覺，當一個孩子的溝通能力提高了，他的攻擊性與暴力傾向就會降低。在這段改變過程中，我們可以細心留意，並且用言語肯定孩子所做出的小小改變，以此來支持他們的進步。對一些孩子來說，不做某些事（比如偶爾不做破壞），就已經是一項了不起的成就。

4.3 撒謊的孩子不等於是壞孩子

社會學研究表明，孩子撒謊是一種常見的（非病態的）現象，因為：一、孩子「我不會什麼都說」的態度說明，他正在發展自己的獨特人格；二、過度撒謊有時也是想像力豐富的表現；三、有時孩子意識到，他可以藉由編造故事，將自己置於有利的處境；四、當然，說謊最常見的原因還是出自於恐懼，例如：害怕被懲罰，或是害怕陷入尷尬的情況。還有一種恐懼，就是害怕因為某件事而被人當做「壞孩子」（比如：要是大家都知道是誰踩壞了鄰居家的美麗花圃的話……）。而這種恐懼的起因，正是前面所提到的：每個孩子都想要做一個好人。

話雖如此，但不論兒童或成人，都還是應該誠實待人。如果有個人長年過度撒謊，他自然會練就一套欺瞞不實的習性，因此，請試著找出孩子說謊的動機。你認為你的女兒或兒子為什麼會「作弊」？用不貶低孩子自尊的方式告訴他們，誠實對相互信任有多麼重要。並且讓孩子知道，當他們誠實認錯時，你不會處罰他們，來讓孩子明白撒謊是不必要的。

最後切記：在這件事上，你也是孩子的模仿對象！

4.4 對孩子說公民勇氣的小故事

你還記得自己小時候曾經多麼喜歡聽冒險故事嗎？多麼喜歡那些為正義挺身而出，勇敢去對抗邪惡的童話人物？你是否還記得自己是如何對故事中的主角產生共鳴？

邪不勝正的故事能帶給孩子勇氣。孩子對主人翁的認同，有助於發展自身的人格特質。同時，學習心理學已經證明了，無論大人或是小孩，都只能把那些性格中有與自己相似之處的人視為榜樣。

因此，只有那些與我們有潛在共通點的故事主角，才能讓我們著迷。這個有趣的發現給了我們一個啟發，由此得知：愛搗蛋的孩子容易被那些並不總是表現得「乖巧」，但最終還是為其他人做好事的主人翁所吸引；膽小的孩子則會對那些在故事開頭膽怯，但有朝一日終於克服內心恐懼，為某件特別的事勇敢挺身而出的主人公留下深刻的印象。

4.5 帶著孩子一起找出為他人做好事的機會

兒童的認知是以自我為中心開始發展的，他們必須透過學習，才會從他人的角度思考和為他人設想——這件爺爺奶奶那一輩做過頭的事，孩子們卻往往做得太少。如今，一些家長雖不明說，但卻在生活點滴中處處傳遞給孩子這樣的訊息：你就是一切，其他人對我們來說什麼都不是。

這些家長嘲諷貶低孩子的同學，用律師信回擊老師的教學失誤，把成績不好歸咎為學校的責任，不論出了什麼問題，總是錯在別人。他們認為只有能讓自己孩子開心的事，才是好事，即使要犧牲他人做為代價也無所謂。

然而，這就產生了一個問題：在這種環境下，孩子如何能成長為一個有能力和他人建立關係、可愛（即：值得他人愛）的人？在這種環境中成長的孩童，往往個性孤僻，長大後容易出現暴力、抑鬱或上癮的傾向。

其實，要解決兒童自我中心主義的問題很容易，只要將他們帶入有機會為別人做些什麼，並且學習去做這些事的情境中，就可以得到解決。

想一想，在哪些情況下，你的孩子會有機會做出體貼他人的事？即使是一些很小的事也可以，比如說：逗外婆開心、跟公車司機親切打聲招呼、帶鮮花去給住院的同學一份驚喜，或是送鄰居一個小蛋糕做為生日禮物。這些小事既不需要很多錢，也不需要很多時間。然而，你會意外發現，孩子們做這些事時都很樂在其中。當然，你也可以自己身體力行，讓孩子知道，別人的快樂對你來說，也是一件很重要的事。

幾年前，我的一個好朋友和他兒子一起去度假。出門前，他兒子剛從義大利旅行了三個星期回來，接著，他們計畫開著露營車環遊希臘三週。兩個禮拜後，我的朋友摔了一跤，腿上有開放性傷口，而且韌帶撕裂了。

醫生指示他應該立即返回德國，處理傷口並接受治療，但我的朋友卻拒絕了，他辯稱是因為不想掃兒子的遊興。最後，在同行友人的堅持下，他才勉強同意從希臘開著露營車回德國，這樣兒子就不用獨自結束旅程，敗興而歸。

旅行結束後，我的朋友還對兒子提議，為了「彌補」這次的旅行，會請他上劇院看兩場戲。不難想像，從希臘回德國的這條遙遠彎曲的道路，對這老爸撕裂的韌帶造成了多少額外的疼痛。這件事讓人不禁傻眼，我朋友的兒子當時二十八歲，他老爸顯然想做個好人。但是這兒子呢，他又從中學到了什麼？

5 第五個支柱

體驗生活的喜悅與熱情

體驗對生活的喜悅與熱情，以及享受輕鬆、無憂無慮的快樂時光，是另一種培養生活動力的方式。馬丁・塞利格曼（Martin Seligman）[8]在《活出最樂觀的自己》一書中寫道，散發出生活喜悅的人，能吸引和感染旁人。此外，和悲觀的人相比，他們更樂於為別人付出。

那麼，爸媽們可以做些什麼，來讓兒女體驗到對生活的喜悅呢？

5.1 鼓勵孩子的好奇心

將新鮮有趣的事物帶入孩子的生活中，挑起他們的驚嘆心和好奇心吧！我們可以為孩子朗讀富於想像力的故事書（例如《哈利波特》和《三個問號偵探團》），或者自創一些奇幻故事和推理謎題；我們也可以教孩子幾個變魔術的小花招，或帶他們去看一場魔術表演。

你可知道，當人們向孩子展示事物背後的運作原理時，他們會多麼興致盎然嗎？比方：磨坊裡的臼是如何透過風車或水力被轉動的？磁鐵是如何在幾秒鐘內將鐵屑排列得井然有序？又或者，一根小草莖在顯微鏡下，看起來是什麼樣子呢？

你也許會驚訝，這些引人入勝的「發現探索」遊戲，既不需要很多的金錢，也不需要很多的時間，所需要的僅僅是一點點想像力。而且，你很快就會察覺，這些遊戲不只能啟迪孩子，就連你自己也將重拾探索的樂趣。

5.2 鼓勵孩子的創造力

想要激發孩子的創造力，不妨偶爾把買來的現成玩具統統收起來，只給孩子一些材料（如玻璃彈珠、零碎布料、紙盒或彩色繩）當玩具；或是在孩子感到無聊時，不主動幫他們找樂子，而是靜靜等待，讓他們自己發揮創意，創造出有趣的遊戲。

5.3 將孩子的調皮行為視為充滿生命力的表現

你的孩子總會找到充裕的時間和足夠的理由，邁向理智穩重的生活。現在，不妨和孩子一塊享受童稚的無憂無慮吧！你會發現，孩子的無憂無慮也會感染給大人！

5.4 訓練孩子的感官能力

我們可以透過豐富孩子的感官體驗，來增進他們的感知能力，並進一步激發他們的活力與朝氣，例如：在潮濕的草地上光著腳丫子行走；蒙上孩子的眼睛，讓他們靠嗅覺辨識水果的香氣或熟悉物品的氣味。

我們也可以引導孩子體驗音樂如何讓人心情愉悅；或是有時帶著孩子走入大自然，相較於都市裡的噪音和雜亂的顏色，大自然裡的色彩、形態、氣味與聲音，能夠穩定任何年紀人的心靈。

還有，請不要忘記，身體活動（運動）不僅能讓孩子精力充沛，也對他們的性格發展益處多多。

5.5 和孩子共享輕鬆時光

你的孩子在哪些情況下會感到無憂無慮，或至少比平時輕鬆呢？是在遊戲中？騎自行車時？觀看木偶戲演出時？動手繪畫創作時？還是和你一同放聲高唱流行歌曲時？他是在和別的孩子一同玩耍時，還是有機會與你在一起兩個人獨處時，更感到輕鬆無憂？或者，也有可能是在他獨自一個人，玩得盡興忘我的時候？每個孩子都是獨一無二的，他們各自的喜好也不盡相同。如果我們能認識到孩子的偏好，並且讓他們體驗到輕鬆自在，那將十分美好！

現在我們做個總結，能為兒童與成年人的自我價值感提供養分，同時對塑造性格有所助益的五大「泉源」是：

- 正向的人際關係。
- 能力跟勝任感。
- 目標和價值觀的指南針。
- 正面的自我感覺。
- 對生活的喜悅和熱情。

如果我們能時常將這五種泉源放在心裡，它們將帶來源源不斷的靈感，激發我們蹦出創意十足的教育力。

親愛的爸媽，誠如所言，想推動孩子走在正向發展的路上，有很多事情是我們能做的。不過，我們大可不必為此費心列出一張乏味的檢查清單。

本書裡豐富多樣的建議，並非是為了增加你的育兒負擔而寫的，而是為了幫助你更輕鬆地寓教於樂，因為你的每一個行動，自然而然都奠基於你對上述五個方面的心態。如果我們自己重視人與人之間的交流，為這個世界盡一份心力，遵循特定的價值觀，時常察覺自身和他人身上的美好，又或者儘管身處於逆境中，仍然能感受到生活中帶來喜樂的事物，那我們也將能在無形中傳遞出正向的訊息。我們面對生活中很多微不足道日常事物的方式，往往在不經意間透露出我們的生活態度。

假若你實際去執行的時候，並不像我所說的一樣容易順利，該怎麼辦呢？這時，其實正是我們表現出勇氣的良機，請試著去檢視並糾正自己關於某個特定方面的態度吧！你或許會問：這該如何進行呢？這時，不妨嘗試看看我稱之為「強大日」的辦法。

首先，請先思考一下：假若有一天，你擁有了超級強大良好的自我價值感，你將會如何展開這新的一天？假若有一天，你感受到了自身人格的強大，那麼在這一天，你會敢於追求哪些計劃？你會用哪些「儀式」，來讓日常生活變得更加豐富多彩？你會思考或處理什麼問題？你會和誰見面？你會想優先談論哪些話題？你會聽什麼類型的音樂？你會有什麼樣的肢體語言？你的臉部表情會是如何？你又會避免哪些人事物？

嘗試對上述問題給出非常具體的答案，並將這些答案寫下來。

接著，請不要坐著等待那一天的到來，而是現在就掌握自己的生活。從一個禮拜當中選出固定的一天，做為我所說的「強大日」。怎麼著手進行，你內心顯然已經有明確的想法了。接下來，只要放手去嘗試就對了，你會發現自己真的可以做到！

在此，我想用一個對我個人而言特別重要的想法，為這一章畫下句點：你不是一台教育機器，你並不完美，而你也沒必要達到十全十美。你的父母在教養過程當中，肯定犯過不少錯誤，你自然也無法避免，就連你的孩子也一樣無法避免。在我的一生中，只遇到過少數幾個沒有犯過任何育兒錯誤的人，這些人都是自己沒有孩子的人。

通過為人父母這個角色，你已經接手了這世上一個人所能承擔的最有價值的工作。而這份工作的內容，就體現在你對下一代所負有的生活責任上。這是一個你沒學過的專業，所以，時不時犯錯本來就在所難免，請不要灰心，堅持下去。在為你所犯的錯誤負責的同時，別忘了，你也正在為這份工作的價值盡一份心力。我們無須等待社會重新重視家庭教育的價值，只要我們肯定自己為人父母這份工作的價值，同時也就肯定了所有父母的價值。

給教育者的11個靈感

1. 不管你喜不喜歡，你都是領導者

當你承擔起為人父母的職責後，你就扮演了領導孩子的角色。至於如何成為一位好的領導者，我們可以一步一步去學習。

2. 鼓起勇氣發展出自己的領導風格

個人風格並不局限於生活品味、服裝穿著或遣詞用字等方面，傑出的教育者，也有自己的領導風格。不妨嘗試透過以下方式，找出屬於你的領導風格：

- 傾聽自己的直覺。
- 觀察其他父母怎麼做，並從他們的做法中學習那些有意義的，以及適合自己的方法。

- 即使當你在扮演父母的角色時，也不要壓抑自己的真性情。天生就個性溫柔的教育者，可以溫柔地領導孩子。而個性活潑熱情的教育者，當然可以採用充滿活力的方式領導孩子。

此外，不要操之過急聽取所謂的專家建議，傾聽自己的直覺同樣重要。

3. 人格猶如琢磨過的寶石：它們有稜有角，卻不會傷人

拿出勇氣表達你的想法和態度，並且展示你的人格。在不侵犯傷害他人的前提下，這麼做，能讓你的孩子從中受益良多。

4. 我們都在透過行為和態度，為下一代留下影響

「我們不僅通過所說的話在影響他人，我們待人處事的方式，也在對他人產生影響。」

這句簡單的話，透露出饒富智慧的哲理。不只你的所言所教能對人產生影響，**你如何處理**一個沮喪的情況，還有**你用什麼態度**扭轉生活困境，對他人的影響力其實更大。不論

你選擇展現出公民勇氣，或是扮演受害者的角色，你都在發揮著影響力。當然，你也透過自己的信念，在影響他人。

放下擔憂，勇敢地建立起內心的信念：相信孩子的人生將會圓滿，並且他會成為一個特別的人。

相信孩子的父母，會自然而然通過許多細微、難以察覺，但卻也更影響深遠的方式，把這份信念傳遞給孩子。

5. 區分行為的目的和意義

以「目的」為導向（結果導向）的行為，是一個人為了**實現特定目的**而採取的行為，例如：你和孩子一起玩耍，是**爲了**要讓他們能夠相處得更融洽；你和兒子聊起電腦話題，是**爲了**讓他變得更健談一些。但是試想一下，如果孩子在經歷不順心的一天後，心情不佳，儘管你盡了最大的努力，他們還是爭吵不休，或是臭著臉悶不吭聲，這時候以目的為導向來採取行動的父母，就會選擇放棄，畢竟自己的努力根本就是白費苦心。

相較之下，以「意義」為導向的行動，是當一個人認為，某個**行動本身**是正確和有意義時所採取的，結果如何不是重點。擁有這樣心態的爸媽，會在孩子不順心的日子裡，也和他們一起玩耍或與兒子談論電腦話題。

將「意義」而非「目的」，做為行動的出發點，有助於我們不會只專注在結果，不會總是想著如何達成目的，因為對你而言，眼前**正在做的事本身**就意義非凡。

毋庸置疑，好的結果能讓人皆大歡喜，但是不要因此讓你的行為被結果牽著鼻子走。不要根據反應去行動，而是採取主導式的行為，主動影響局面。

在人際關係中，以目的為導向的行為會讓人養成依賴性，而以意義為導向的行為，則不會使我們陷入這類依賴的泥沼。這道理不僅在教養孩子時適用，在夫妻或伴侶關係中也亦然。

6. 不要把孩子的負面評論當成對你的個人批評，並且從容地處理與孩子的衝突

在青春期前和青春期期間，很多孩子都愛表現得挑剔不滿，愛耍帥耍酷。他們有可能會跟爸媽的飲食習慣唱反調、對餐桌禮儀不屑一顧、抱怨車子太小，甚至會嘲笑媽媽新買的連衣裙，不要讓孩子耍酷的評論，對你的內心造成打擊。其實孩子並不想傷害別人，不過是想要考驗自己表達的勇氣而已。這時，我們應當讓孩子明白，他的某些言論或行為方式會讓人難以接受，但請不要讓孩子挑釁的評論或行為來決定自己的心情。

此外，請不要逃避處理和孩子之間的衝突，不論再好的親子關係，也不可能總是和諧融洽。你們之間的衝

突管理，對孩子來說，正是在為他成年後可能面臨的衝突，所做的彩排演練。

7. 幽默是對抗父母倦怠症的良藥

我們無須時時刻刻都一板一眼處理教育問題，有時不妨用表演藝術家的眼光去看待孩子。想像一下，你正在為下一場喜劇演出尋找靈感，只要看看：孩子們如何為一小塊巧克力大戰；兩個小女孩怎麼轉眼間就成了「死敵」，一個小時之後卻又開心地玩在一起？好笑的是，她們的媽媽居然為此連續不快了幾個星期；晚上「催、罵、哄」孩子上床睡覺，如何幫父母練就一身「馴獸師」的好本領；身材突然長高或變胖的青少年，又是怎樣用慢動作在移動；這些生活細節，只要換個角度看，不都妙趣橫生，能讓人會心一笑嗎？

經由觀賞有趣的喜劇表演、收集諷刺漫畫，或閱讀幽默的生活成長書籍（例如保羅．瓦茲拉威克〔Paul Watzlawick〕的《不幸福人生指南》），你可以輕鬆練成喜劇演員所需具備的幽默視角。孩子的生活源源不絕地提供這類表演橋段，所以學會採用喜劇演員的視角，對你百利而無一害，而且還能將之擴展，應用於許多不同的生活層面。

8. 相信你的努力會滴水穿石

你是否有時也會感到頹喪，覺得所有的努力不過都是竹籃撈水一場空？兩個兒子坐沒坐相，連餐具都拿不好？女兒挑剔你精心佈置的餐桌俗氣沒品味？這些青少年怎麼突然間就忘記了禮貌規矩，連好好說幾句話的心情都沒有，一開口只會批評抱怨？

不要絕望，不要放棄對你來說重要的事情。隨著一個人年齡的增長，自我教育的責任也變得更加重要。做為一名教育者，你可以做很多事情，但你也應當學會保持一顆從容之心。

孩子會敏銳地察覺到你的價值觀和努力的。他們未來的生活，在許多方面都會與你的截然不同，儘管如此，他們在你身上所感知到的大部分事物，依然將保存在記憶中。很有可能十年後，你的女兒也會浪漫地佈置餐桌，而你的兒子有一天會堅持全家人要一起吃晚飯。時候到了，孩子自然就會對耍酷、上夜店不再感興趣，並且回想起一家人曾經到郊外踏青的美好遊歷。到時，孩子也將再次興味盎然地和爸媽談天說笑，並且對能加深彼此聯繫的活動再度感興趣。

我的一位閨蜜有個特別難相處的成年兒子，幾個月前，她在談心時透

露，自己如何在發生了這麼多事之後，依然不失內心的平靜，她說：「你知道，做為一個母親，所有能嘗試的事，我都做了。當然，我也犯過錯誤，但現在，至少從表面上看來，我已經什麼都無能為力、改變不了。儘管如此，在某些日子裡，我還是會很想念兒子，這時候，我就會在腦海裡派一個天使去指引他正確的道路。我瞭解我的兒子，所以我注意到，在過去的幾個月裡，天使的工作已經開始發揮作用了。」

9. 安慰自己：每一個錯誤都有助於削弱孩子的天之驕子綜合症

有些孩子天生就幸運：他們才華洋溢，在同儕中受歡迎，並且有爸媽在生活中以溫暖理解的方式一路相伴。不少人可能會認為，這是修了幾輩子才得來的福氣啊！這些人幾乎從未遭遇過挫敗，幾乎從來不需要犧牲或放棄什麼，而且永遠有人撐腰支持。他們可能直到三十、四十歲，都還可以仰仗這些資源而一帆風順。

但萬事難料，也許有一天，某個天之驕子被太太提出離婚要求，或某個天之驕女突然被公司解僱，因為這類人在生活中沒有被挫折「鍛煉」過，缺乏克服失敗的經歷，所以往往會在這一刻，做出非理性和極端的反應。

他們在成年後才有機會去學習，如何有建設性地處理挫折、拒絕、批評和孤獨，這往往需要花費比常人更多的心力。相較之下，當他們年齡相仿的同事朋友遇到類似情況時，面對的也許依然是個巨大的挑戰，但至少並不全然陌生，能從過往的經驗汲取養分做為參考。

我們自然不該過度使用這句話來安慰自己，不過也許它能助你理解，在某些情況下，你所犯的教育錯誤，也有助於削弱孩子的天之驕子綜合症。

10. 每天花十分鐘實現自己的夢想

孩子不希望爸媽為了他們而犧牲自己。對孩子而言，看到自我犧牲的父母，是一件很痛苦的事。而這種痛往往會成為一輩子扎在心頭的一根刺。換句話說，你大可以為自己安排一些自由空間和生活領域，在當中完全按照自己的天性和夢想去做某件事，或不做某些事。請找出哪些情況能在精神上和身體上激勵你，並喚起你的想像力。

你要運用謀略戰勝你自己的藉口：每天投入十分鐘的時間實踐個人夢想，就能對你自身的人格發展有超乎意料的助益。而且你還將因此而收穫許多新鮮有趣的話題，可以與孩子

和伴侶討論。你肯定有能力為自己挪出這些時間來的，對吧？

最後，伴侶之間互相支持，互相幫助對方實現彼此的夢想，這將為你們的關係注入一份甜美的潤滑劑。

11. **不要把心思全黏在孩子身上**

雖然孩子很重要，但他們不應該成為你生命中唯一的價值。你有一個伴侶，你還有父母和朋友，你也有體

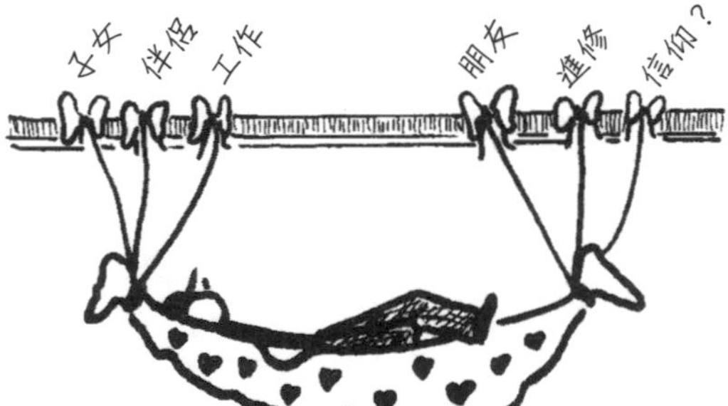

驗和投入其他事物的機會，以及許多精彩的生活任務，不是嗎？我們大可以放開心胸，生活在多樣的價值來源中。片面專注在一件事情上，不僅會使你自己的生活變得貧乏，同時也會讓孩子不堪重負。

親愛的爸媽們，這些建議與大多數的專家建議一樣，並非全部適用於你的性格或情況。不過這不礙事，因為你可以從這些豐富多樣的想法中，選擇出哪些合適、吸引你的，以及你認為是正確的來實踐。另一方面，你也要保留一些時間不去做、不去努力、不去改變或發揮影響力。

換言之，你也應當學會，給自己足夠的時間寬心放手，僅僅是心懷信念地待在那裡，相信這個世界，相信你的孩子，還有十分重要的一點是，相信你自己。也許在這些「信念」時刻裡，你會體驗到某種特殊的原始信任感——你感到放心，相信孩子的生活也會圓滿順利，並且被某種更高更大的力量所溫暖保護著。

此刻，我想引用烏里希·夏弗（Ulrich Schaffer）的一首詩，來結束這個篇章。在我看來，這首詩格外適合獻給全天下的父母——

基本權利

你有權懷疑、
絕望、失去冷靜。
永遠堅強　並非強者的標誌。
軟弱　也並非弱者的標誌。
不允許自己不安的人，
猶如住在牆後。

生活無法觸及他，
他也無法觸及生活。
正因為你處於生活之中，
你有權感到不安。
這感覺為你發言，
告訴你　你正在「成為」。
知道所有的答案，
通常意味著這些答案，
其實無法回答任何問題。

要點回顧

①培養健康自我價值感的五個支柱是：

- **正向的人際關係。**
- **能力與勝任感。**
- **目標和價值觀的指南針。**
- **正面的自我感覺。**
- **對生活的喜悅和熱情。**

（光有一個支柱是不夠的！）

②正向的溝通技巧，促成正向的關係。

③不斷被動獲得的幸福，並不能使人長久快樂。

④有的孩子是「思考型」，有的是「行動派」，有的則是「感覺型」。

⑤對被關注有過度需求，通常表明孩子在其他四大支柱內的生活體驗不足。

⑥一個人只有在經歷巨大的（耗費心力的）挑戰之後，才能體驗到「我有能力」的特殊感覺。

⑦利用共同的活動來創造家庭的凝聚力。

⑧以「解決辦法」為導向思考，能使父母和孩子都充滿活力。

⑨鼓起勇氣說出你的價值觀，並在生活中實踐。

⑩愉快的「日常儀式」能為生活提供支柱，並激發對生活的熱情。

⑪區分以「意義」為導向的教育，以及以「反應」為導向的教育。

⑫將孩子帶入可以為他人做好事的情況中。

⑬不要害怕犯錯。

⑭每天花十分鐘投入你的夢想。

最後，請記得適度放手，很多時候，我們無須擔心如何教育子女，只要「人在那兒」就足夠了！

附註

(1) Grawe, K.: Psychologische Therapie. Hogrefe Verlag, 1998.

(2) Schenk-Danzinger, L.: Entwicklungspsychologie. Österr. Bundesverlag, 1998.

(3) Frankl, V.: Logotherapie und Existenzanalyse. Piper Verlag, 1987.

(4) Friedemann, D./Fritz, K.: Wer bin ich, wer bist du? Deutscher Taschenbuch Verlag, 1999.

(5) Csikszentmihalyi, M.: Flow. Das Geheimnis des Glücks. Klett-Cotta Verlag, 1993.

(6) Grün, A.: Geborgenheit finden/Rituale feiern. Kreuz Verlag, 1997.

(7) Gordon, T: Die neue Familienkonferenz. Heyne 1994.

(8) Seligman, M.: Pessimisten küßt man nicht. Optimismus kann man lernen. Droemer Verlag, 2001.

參考書目

Csikszentmihalyi, M.: Flow. Das Geheimnis des Glücks. Klett-Cotta Verlag, 1993.
Frankl, V.: Das Leiden am sinnlosen Leben. Her-der Verlag, 1983.
Friedmann, D./Fritz, K.: Wer bin ich, wer bist du? Deutscher Taschenbuch Verlag, 1999.
Fromm, E.: Die Kunst des Liebens. Deutscher Taschenbuch Verlag, 2001.
Gordon, T.: Die neue Familienkonferenz. Heyne 1994.
Grawe, K.: Psychologische Therapie. Hogrefe Verlag, 1998.
Greenfeld, S.: Reiseführer Gehirn. Spektrum akademischer Verlag, 1999.
Grün, A.: Geborgenheit finden/Rituale feiern. Kreuz Verlag, 1997.
Guttmann, G.: Lehrbuch der Neurophysiologie. Hans Huber Verlag, 1982.

Hadinger, B.: Sicherheit und Motivation im Wertewandel. Vortrag an der Universität Graz, 1999.

Kurz, W.: Suche nach Sinn. Stephans-Buchhandlung, 1991.

Kurz, W./Hadinger, B.: Sinnvoll leben lernen. Verlag Lebenskunst, 1999.

Ludwig, B.: Anleitung zum Herzinfarkt. (CD) Peseschkian, N.: Wenn du willst, was du noch

nie gehabt hast, dann tu, was du noch nie

getan hast. Herder Verlag, 2002.

Schenk-Danzinger L.: Entwicklungspsychologie. Österr. Bundesverlag, 1988.

Seligman, M.: Erlernte Hilflosigkeit. Urban & Schwarzenberg, 1983.

Seligman, M.: Seligman, M.: Pessimisten küßt man nicht. Optimismus kann man lernen. Droemer Verlag, 2001.

Sprenger, R.: Mythos Motivation. Campus Verlag, 1995.

Watzlawick, P.: Anleitung zum Unglücklichsein. Piper, 24. Aufl. 2002.

國家圖書館出版品預行編目資料

養出內心強大的孩子：意義療法大師的5個心法,幫助孩子建立正向的人際關係和生活的勇氣/波格菈卡・韓丁格(Boglarka Hadinger)著；莊新眉譯. -- 一版. -- 臺北市：商周出版：英屬蓋曼群島商家庭傳媒股份有限公司城邦分公司發行, 2023.03

面；　公分. --(商周教育館；62)

譯自：Mut zum Leben machen : Selbstwertgefühl und Persönlichkeit von Kindern und Jugendlichen stärken

ISBN 978-626-318-593-7 (平裝)

1.CST: 親職教育 2.CST: 子女教育 3.CST: 生活教育

528.2　　112001188

線上版讀者回函卡

商周教育館62

養出內心強大的孩子：

意義療法大師的5個心法，幫助孩子建立正向的人際關係和生活的勇氣

Mut zum Leben machen：Selbstwertgefühl und Persönlichkeit von Kindern und Jugendlichen stärken

作　　者／波格菈卡・韓丁格 博士（Prof. Dr Boglarka Hadinger）
翻　　譯／莊新眉
企劃選書／黃靖卉
責任編輯／彭子宸

版　　權／吳亭儀、江欣瑜
行銷業務／周佑潔、賴玉嵐、林詩富、吳藝佳
總 編 輯／黃靖卉
總 經 理／彭之琬
事業群總經理／黃淑貞
發 行 人／何飛鵬
法律顧問／元禾法律事務所　王子文律師
出　　版／商周出版
台北市115南港區昆陽街16號4樓
電話：(02) 25007008　傳真：(02)25007759
E-mail：bwp.service@cite.com.tw
Blog：http://bwp25007008.pixnet.net/blog
發　　行／英屬蓋曼群島商家庭傳媒股份有限公司 城邦分公司
台北市115南港區昆陽街16號8樓
書虫客服服務專線：02-25007718；25007719
服務時間：週一至週五上午09:30-12:00；下午13:30-17:00
24小時傳真專線：02-25001990；25001991
劃撥帳號：19863813；戶名：書虫股份有限公司
讀者服務信箱：service@readingclub.com.tw
城邦讀書花園：www.cite.com.tw
香港發行所／城邦（香港）出版集團有限公司
香港九龍土瓜灣道86號順聯工業大廈6樓A室；E-mail：hkcite@biznetvigator.com
電話：(852) 25086231　傳真：(852) 25789337
馬新發行所／城邦（馬新）出版集團【Cite (M) Sdn Bhd】
41, Jalan Radin Anum, Bandar Baru Sri Petaling, 57000 Kuala Lumpur, Malaysia.
Tel: (603) 90563833 Fax: (603) 90576622 Email: service@cite.my

封面設計／張燕儀
排　　版／邵麗如
印　　刷／韋懋實業有限公司
總 經 銷／聯合發行股份有限公司
電話：(02)2917-8022　傳真：(02)2911-0053
地址：新北市231新店區寶橋路235巷6弄6號2樓

■2023年03月7日一版一刷
■2024年06月4日一版3.8刷
定價300元

Printed in Taiwan

 ISBN 978-626-318-593-7　eISBN 9786263185944 (EPUB)